Colorea el arcoíris

Traza las líneas de puntos del arcoíris
y luego colorea cada sección.

Cuenta los corazones de colores y traza las palabras.

verde   morado   azul   rosa

Colorea por número

Colorea el unicornio siguiendo los códigos
de colores que aparecen debajo.

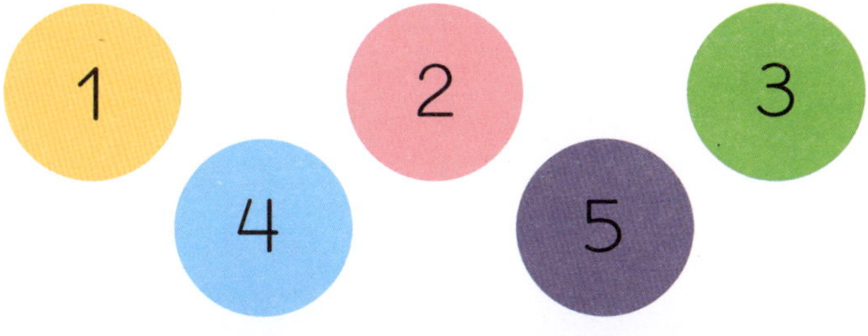

1 **2** **3**

4 **5**

Une palabras e imágenes

Traza las líneas de puntos para unir las imágenes con las palabras, luego traza las letras de cada palabra.

unicornio

hada

corona

castillo

¡Colorea el castillo!

Traza y colorea el hogar del unicornio.

¡Carrera hacia el helado!

Sigue el camino de la espiral para ayudar al
unicornio a alcanzar el delicioso helado del centro.

Une los puntos

Une los puntos del 1 al 20 para saber
quién está volando por el cielo.

Une las sombras

¡Traza líneas para asociar estos unicornios con sus sombras!

Encuentra las diferencias

¿Puedes encontrar ocho diferencias entre las dos imágenes? ¡Traza un círculo alrededor de cada una!

Sumas simples

Cuenta las figuras para hacer estas sumas.
Hemos realizado la primera para ti. Escribe los números
cuando hayas terminado.

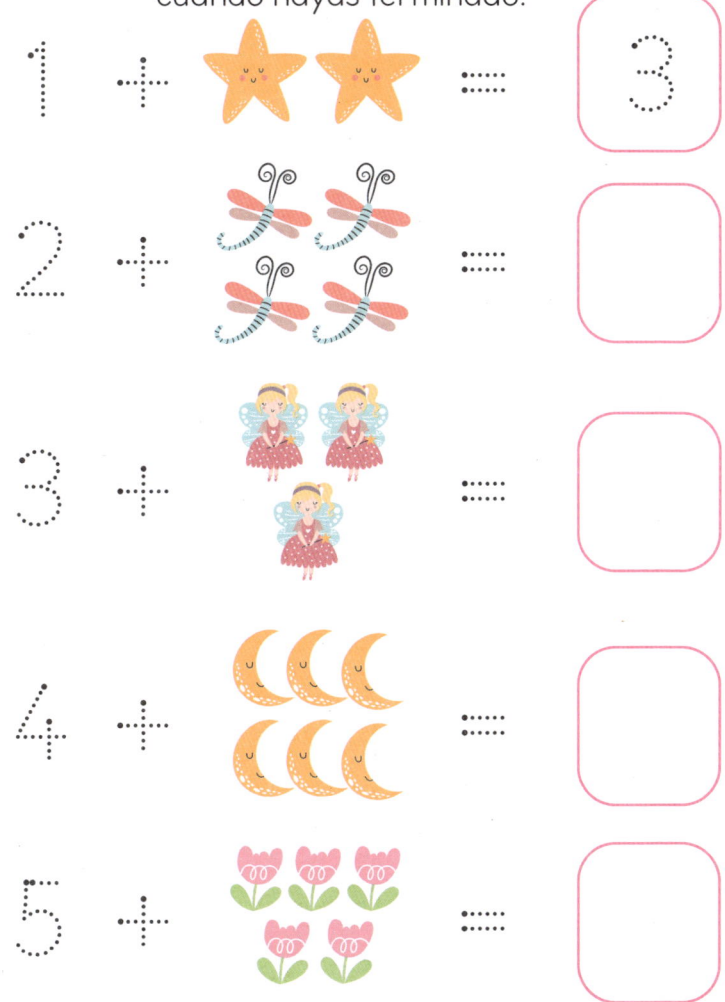

Un hogar para el unicornio

Traza las líneas de puntos para completar este hermoso castillo.

Líneas enredadas

¿Puedes seguir las líneas enredadas para saber qué unicornio pertenece a cada princesa?

Laberinto de unicornio

Ayuda a este unicornio bebé a encontrar el camino a través del laberinto para llegar hasta su mamá.

Dibujo perfecto

¡Los unicornios pueden ser del color que más te gusten!
Utiliza tus colores favoritos en este dibujo.

Fiesta de unicornios

¿Qué piezas se necesitan para completar este rompecabezas? ¡Traza un círculo alrededor de las piezas correctas cuando las hayas descubierto!

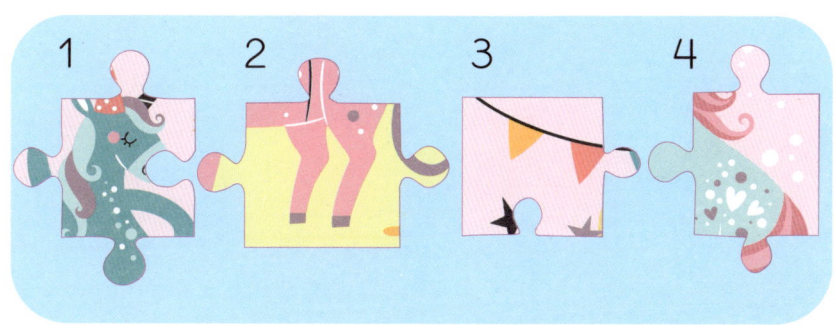

1
2
3
4

Codigo de colores

Traza los círculos en los objetos de color rosa.
Cuenta cuántos hay.

Ayuda a los unicornios a llegar a casa

Traza las líneas de puntos del camino que debe seguir cada unicornio.

Copia el unicornio

Mirando de uno en uno los cuadrados, copia el unicornio de la cuadrícula superior en la cuadrícula inferior. Luego, coloréalo.

Llena los espacios en blanco

Mira los números y objetos de cada fila.
Luego escribe el número que falta.

Une imágenes y palabras

Traza las líneas de puntos para unir las imágenes con las palabras. Luego traza las letras de cada palabra.

estrella

carruaje

arcoíris

castillo

Traza las líneas de puntos alrededor de la mariposa
y completa sus alas con hermosos dibujos.
Después ponle un nombre a la mariposa.

Mi mariposa se llama:

_____

Cuenta los diferentes objetos que hay y luego escribe en los recuadros cuántos hay de cada uno.

nubes

lazos

corazones

soles

anillos

varitas

Color ea por número

Sigue los códigos de colores que aparecen más abajo y colorea a esta mágica pareja.

¿Puedes ayudar a este unicornio
a encontrar a sus amigos?

Parejas perfectas

Mira con atención a estos unicornios.
Tan sólo dos son exactamente iguales.
Traza un círculo a su alrededor.

¿Qué viene después?

¿Puedes descubrir qué viene después en estas secuencias?
¡Dibuja o escribe en el recuadro de cada línea!

Completa el dibujo del unicornio volador trazando todas las formas. ¡Traza también las palabras!

círculo

estrella

cuadrado

triángulo

corazón

rectángulo

Cuenta los objetos que hay en cada círculo y traza el contorno de aquellos que contienen un número par de objetos.

Cuenta los objetos que hay en cada círculo y traza el contorno de aquellos que contienen un número impar de objetos.

Une con líneas las dos mitades de mariposas.
Debes mirar con atención los patrones de las alas.

Cuenta las distintas imágenes y luego traza
líneas entre el número y la imagen correctos.

¿Puedes descubrir el nombre de siete letras del unicornio? Descífralo utilizando el cuadro de códigos.

¿Cuál es mi nombre?

Códigos

¿Puedes encontrar todos los objetos de los círculos?
Busca en la escena y marca cada uno de ellos.

oruga

abeja

varita
mágica

seta

sol